Personen haben einen Namen

Die Namen auf den T-Shirts wurden verdruckt. Kannst du sie richtig stellen?

Alle Personen haben einen Vornamen und einen Familiennamen.
Personennamen schreibe ich groß.

Pflanzen haben einen Namen

Matika verkauft:

Matikus verkauft:

Ordne diese Bilder!

Blumen, Gemüse, Gräser, Moose, Pilze, Bäume und Sträucher sind Pflanzen.
Pflanzennamen schreibe ich immer groß.

Tiere haben einen Namen

Gehst du mit? Ich kenne alle Tiere.

Tiere im Zoo

Alle Tiere haben einen Namen.
Namenwörter (Substantive) schreibe ich groß.

Dinge haben einen Namen

Matikus und Matika räumen auf. Notiere alle Dinge!

Alle Dinge (Sachen, Gegenstände) haben einen Namen.
Alle Namenwörter (Substantive) schreibe ich groß.

Namenwörter (Substantive) zum Ausdruck von Gefühlen und Empfindungen, Begriffe

Erkläre diese Namenwörter (Substantive)!

Begriff	Erklärung
Angst	
Geduld	
Verlust	
Alter	
Beruf	
Befehl	
Ostern	
Abend	
Sorge	
Vorsicht	

Bezeichnungen für Begriffe, die keine Person oder Pflanze, kein Tier oder Ding sind, haben auch einen Namen. Das Namenwort (Substantiv) schreibe ich immer groß.

Namenwörter (Substantive) haben einen Begleiter: bestimmter und unbestimmter Artikel

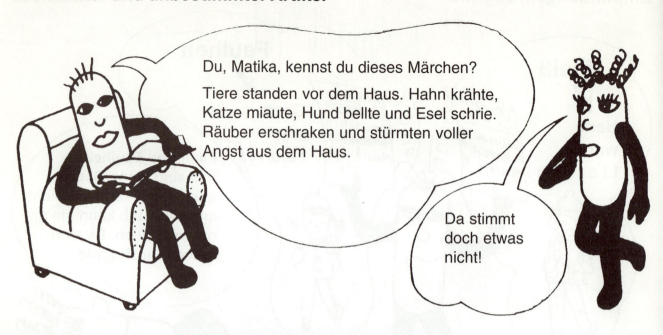

1. Kannst du Matika helfen? Setze die fehlenden Wörter ein!

2. Matika kauft mit ihrem Taschengeld ein. Sie schreibt alle Dinge auf, die sich in ihrer Einkaufstasche befinden.

Kamm	Puppe	Spiel
Block	Kette	Buch
Würfel	Karte	Heft
Pinsel	Kerze	Lineal

Vor den Namenwörtern (Substantiven) stehen oft die Wörter der, die, das / ein, eine, ein.
Diese Begleiter heißen Artikel.
Es gibt zwei Arten:
   der, die, das = bestimmter Artikel
   ein, eine, ein = unbestimmter Artikel

3. Silvia hilft Mutter nach dem Einkauf beim Auspacken. Mutter sagt:

   . . . Dose gehört in den Schrank.

   . . . Wurst kommt in den Kühlschrank.

   . . . Paket bleibt in der Küche.

   . . . Gemüse war heute ganz frisch.

   . . . Milch bleibt auf dem Tisch.

   . . . Pullover kommt in den Kleiderschrank.

Setze die bestimmten Artikel ein!

4. Unterstreiche in der Geschichte die bestimmten und unbestimmten Artikel mit zwei verschiedenen Farben!

Eine Kundin betrat mit ihrem Bello das Geschäft. Der Hund bellte und schnappte nach jedem Kind. Die Verkäuferin bat die Frau ihren Liebling nach draußen zu bringen. Ein Ring war zum Anbinden da. Die Kundin kehrte zurück und kaufte für Bello eine Wurst. Der Speck war mager. Das Fleisch war leider zu fett. Die Einkaufstasche wurde bald schwer.

5.

Erkläre den Unterschied zwischen dem bestimmten Artikel und dem unbestimmten Artikel!

Einzahl- und Mehrzahlbildung von Namenwörtern (Substantiven)

Haus   Birne   Dächer
   Äpfel   Zahl   Tasse

1. **Trage die Namenwörter (Substantive) in die Tabelle ein und bilde Einzahl oder Mehrzahl!**

ein Ding Einzahl / Singular der - die - das	viele Dinge Mehrzahl / Plural die

Die meisten Namenwörter (Substantive) können in der Einzahl und der Mehrzahl stehen. Viele Namenwörter ändern bei der Mehrzahlbildung den Selbstlaut (➡ Umlaut). Bei einigen Namenwörtern gibt es nur die Einzahl, bei anderen nur die Mehrzahl.

2. Das Pferd trabt in dem Käfig.
Das Kind spielt in der Luft.
Das Segelboot segelt über die Schienen.
Das Flugzeug fliegt in der Garage.
Der Vogel zwitschert über das Meer.
Der Affe klettert in dem Sandkasten.
Der Vater arbeitet auf den Baum.
Der Zug rollt durch den Wald.

a) Bringe die Sätze in Ordnung!
b) Schreibe diese Sätze auch in der Mehrzahl auf!

3. Hier darfst du reimen. Die Punkte stehen für die fehlenden Buchstaben.
Setze vor jedes Reimwort den bestimmten Artikel und schreibe sie auch in der Mehrzahl auf!

Zahl	Traum	Latte	Land	Koch
W...	B...	R....	R...	L...
Klasse	Suppe	Keller	Laus	Tank
T....	P....	T.....	H...	B...

4. Versuche, von allen Namenwörtern die Mehrzahl zu bilden!

Buch	Eis	Tod	Lampe	Tisch	Obst
Ampel	Käfig	Glück	Wolga	Koch	Fisch
Treue	Loch	Baum	Wetter	Norden	Loch
Dank	Hund	Käse	Wunde	Lob	Volk
Regen	Getreide	Strauch	Schnee	Gabel	Sohn

a) Färbe alle Schilder ein, deren Namenwörter (Substantive) keine Mehrzahl zulassen!
b) Schreibe alle anderen Namenwörter in Einzahl und Mehrzahl mit dem richtigen Artikel in dein Heft!
c) Suche weitere Namenwörter, die nur in der Einzahl vorkommen!

Zusammengesetzte Namenwörter (Substantive)

Aus zwei Namenwörtern (Substantiven) können zusammengesetzte Namenwörter entstehen. Das erste Wort ist das Bestimmungswort, das zweite heißt Grundwort (Stammwort). Zusammengesetzte Namenwörter erhalten den Artikel des Grundwortes.

1.

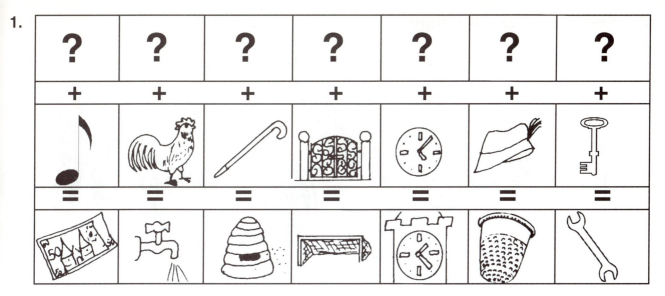

a) Welches Wortbild fehlt?
b) Schreibe die zusammengesetzten Namenwörter (Substantive) auf!

2. Was gehört zusammen? Bilde sinnvolle zusammengesetzte Namenwörter!

Telefon	Wind	Tier	Vogel	Finger	Tisch
Garten	Decke	Ring	Nummer	Mühle	Nest

Schnee	Brot	Tisch	Eisen	Kleider	Fenster
Schrank	Bahn	Flocke	Bank	Fuß	Korb

3. Bei einigen zusammengesetzten Namenwörtern (Substantiven) wird zwischen Bestimmungswort und Grundwort der Buchstabe „n" eingefügt.

Sonne + Schirm = Sonnenschirm

		Blume			
Topf	Strauß	Duft	Muster	Binder	Kranz

		Küche			
Schrank	Schürze	Kraut	Tisch	Tür	Lampe

		Suppe			
Löffel	Teller	Tasse	Gewürz	Topf	Rezept

		Sonne			
Schirm	Stich	Brand	Öl	Schein	Strahlen

Sammelnamen als Oberbegriffe

1. **Verbinde die Dinge mit der richtigen Schublade!**

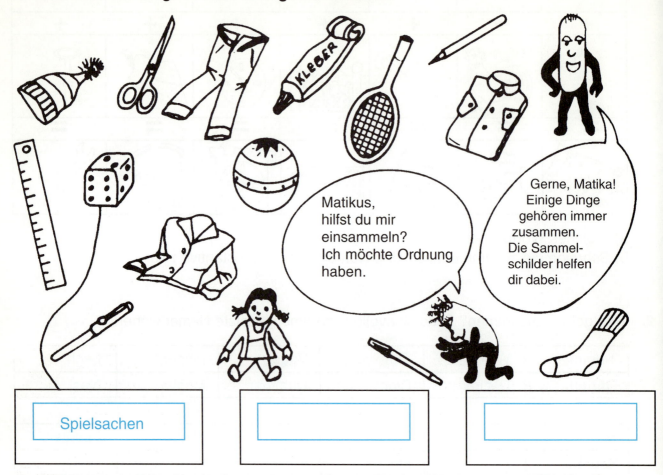

2. **Überlege dir, was bei diesen Sammlungen zusammengehört! Schreibe auch die Sammelnamen auf!**

Sammelnamen fassen mit einem einzigen Wort eine Mengen von Dingen zusammen. Sammelnamen sind praktisch. Sie ersparen das Aufzählen der einzelnen Dinge und helfen dir auch, wenn du etwas erklären musst.

3. Unterstreiche in dieser Wortsammlung die Sammelnamen!

Regen, Meer, Kiefer, Bäume, Tau, Gabel, Tanne, Schnee, Besteck, Messer, Fichte, Nebel, Lärche, Löffel, Niederschläge

4. Suche Einzeldinge!

Werkzeug: _____

Möbel: _____

Fahrzeuge: _____

5. Streiche das unpassende Wort!

- Apfel, Birne, Lampe, Pfirsich, Kirsche, Aprikose
- Hose, Pullover, Anorak, Sportbeutel, Hemd, Strümpfe
- Amsel, Drossel, Fink, Star, Meise, Sperling, Käfig
- Stuhl, Teppich, Schrank, Bett, Sessel, Sofa, Hocker

6. Riesenwürste

Jede Wurst erhält 9 Wörter. Schreibe sie heraus und notiere den Sammelnamen auf dem Schildchen!

7. Ordne ein und suche die Sammelnamen!

Anzug - Bank - Bett - Taxi - Kleid - Mantel - Liege - Schreibtisch - Omnibus - Lastwagen - Couch - Shorts - Kommode - Moped - Limousine - Stuhl

Zeichne diese Tabelle in dein Heft!

Namenwörter (Substantive) mit mehreren Bedeutungen

1. Verbinde die passenden Bildkärtchen!

Es gibt Wörter, die zwar mit einem anderen gleich lauten, aber eine andere Bedeutung haben. Der Artikel ist bei einigen Wörtern gleich, bei anderen verschieden.

2. Teekessel

Zwei Schüler gehen hinaus und einigen sich auf ein Wort, das verschiedene Bedeutungen hat, z. B. **Puppe.**
Vor der Klasse unterhalten sie sich nun. Der eine sagt: „Mit meinem Teekessel spielen vor allem Mädchen."
Der andere meint: „Mein Teekessel bewegt sich nicht."
Die Klasse darf raten, bis das Wort gefunden ist.

3. Zwei Bedeutungen

Gib jeweils zwei Bedeutungen an! Erkläre in einem Satz!

Futter	Stift	Bückling	Tau
Wirbel	Schloss	Gewicht	Golf

3. Zwei Bedeutungen - ein Wort

Landmann		Knabe	
Vogelkäfig		junges Tier	

Schiffsrand		Abgabe	
Bücherbrett		Lenkvorrichtung	

Korridor		Mensch	
Feld und Wiese		Art	

5. Ein Wort - zwei Bedeutungen

Golf		Leiter	

Kiefer		Mark	

Heide		Mast	

Unterscheiden von Dingen

Bezug	kariert, gestreift, einfarbig, rot, ...
Spitze	glänzend, spitz, abgerundet, braun, ...
Stock	hell, dunkel, braun, schwarz, glatt, ...
Griff	schwarz, rund, abgewinkelt, dick, ...
Schienen	schwarz, glänzend, silbern, rund, ...

Beschreibe die Einzelteile der mitgebrachten Schirme ganz genau! Die Tabelle kann dir dabei helfen.

Durch Wiewörter werden Dinge voneinander unterschieden.
Sie heißen auch Adjektive.
Wiewörter (Adjektive) musst du kleinschreiben.

16

Unterscheidung von Personen

Gerda ist verschwunden

Hast du schon gehört? Gerda ist verschwunden! Ihre Mutter ist schon bei der Polizei und gibt eine Suchmeldung auf.

Da muss Frau Scholl ihre Tochter aber genau beschreiben: Haarfarbe, Augenfarbe, Körperform, Gesichtsform . . .

Gesucht wird

Name: . . . . **Vorname:** . . . . **Alter:** . . . . .

Körperform: dick, korpulent, kräftig, schlank, dünn, schmächtig, mager, groß, klein, mittelgroß, untersetzt

Gesichtsform: rund, oval, breit, länglich, kantig, schmal

Augen: braun, grünbraun, grün, blau, grau, blaugrau

Haare: schwarz, weiß, rötlich, blond, hellblond, hellbraun, dunkelbraun, kurz, lang, glatt, gewellt, lockig

Welche weiteren Angaben muss Frau Scholl machen? Personen zu beschreiben ist recht schwierig. Beobachte deinen Nachbarn genau und beschreibe ihn!

Wiewörter beschreiben Personen genauer und helfen sie voneinander zu unterscheiden. In der Fachsprache werden sie Adjektive genannt. Wiewörter (Adjektive) musst du kleinschreiben.

Unterscheidung von Tieren

Denk dir, Matika, mein Harro ist weg! Ich setze diese Anzeige in die Zeitung. Bestimmt findet ihn jemand und erkennt ihn.

Entlaufen!

Mein lieber Harro ist weggelaufen. Er ist ganz lieb und kann Männchen machen. Mittags tollt er am liebsten mit mir auf der Wiese.
Wer bringt ihn zurück?
Matikus

So geht das nicht, Matikus. Du musst ihn genau beschreiben. . . .

Hilfen für die Tierbeschreibung

Rasse: Pudel, Dackel, Schäferhund, Boxer
....

Körper: groß, mittelgroß, gedrungen, klein
....

Fell: glatt, gelockte, kurze, lange Haare
....

Kopf: eckig, rund, spitz ....

Augen: schwarz, grau, braun ....

Ohren: spitz, hängend, aufstehend ....

Schnauze: spitz, länglich, platt ....

Wiewörter (Adjektive) beschreiben, wie Tiere beschaffen sind und welche Eigenschaften sie haben. Sie helfen die Tiere voneinander zu unterscheiden. Wiewörter (Adjektive) musst du kleinschreiben.

Steigerung: Grundstufe - Höherstufe

1. Trage in die Stufen ein!

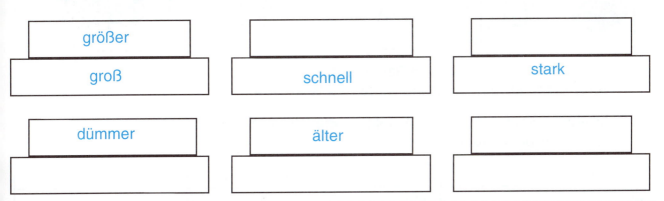

Vergleichen wir unterschiedliche Eigenschaften, so verwenden wir die Höherstufe des Wiewortes (Adjektivs). Die Höherstufe wird vorwiegend durch Anhängen von -er an die Grundstufe gebildet. Das Vergleichswort heißt als.

2. **Setze das Streitgespräch fort!**

Meine Weste ist schöner als deine Weste!

Stimmt nicht! Meine ist schöner!

Du kannst dabei folgende Wiewörter (Adjektive) verwenden:

modern, eng, bequem, altmodisch, luftig, mollig, unempfindlich, schick, rau, warm, neu, teuer, billig, gestreift, hübsch, pflegeleicht, praktisch

Schreibe fünf Sätze dieses Gesprächs auf und unterstreiche die Höherstufe des Wiewortes (Adjektivs)!

3. **Bilde mit diesen Wörtern Sätze! Beispiel: Der Fluss ist tiefer als der Bach. Unterstreiche die Endung der Höherstufe und das Vergleichswort!**

Streichholz	kurz	Bleistift
Hans	fleißig	Kurt
Papagei	bunt	Meise
Heft	dünn	Buch
Schüler	jung	Lehrer
Haus	groß	Hütte
Großvater	alt	Vater
Käfer	flink	Schnecke

4.

8. Juni

12. August

Schreibe über jedes Bild zwei Sätze auf!
Unterstreiche jeweils die Höherstufe des Wiewortes!

5. **Schreibe zu jedem Wiewort (Adjektiv) die Höherstufe auf! Was fällt dir dabei auf?**

Grundstufe	Höherstufe	Grundstufe	Höherstufe	Grundstufe	Höherstufe
alt		nah		grob	
arm		scharf		groß	
hart		schwach		dumm	
kalt		warm		klug	
lang		stark		kurz	
krank		schwarz		jung	

20

Zusammengesetzte Adjektive (Wiewörter) durch Vergleich mit Substantiven (Namenwörtern)

Wie kann ich nur die Eigenschaften genauer angeben?

Seine Nase war kalt.
Vater ist stark.
Die Straße ist gerade.
Das Brot war hart.
Ihr Haar war schwarz.
Er war blass.
Die Bettdecke ist leicht.
Er ist arm.
Die Fahrbahn ist glatt.
Das ist doch klar!

Vergleiche mit Nomen!
. . . kalt wie Eis
Bär Kerze Sonne Stein Bettler Pech Spiegel Leiche Feder

1. Vergleiche mit einem Namenwort (Substantiv) und bilde zusammengesetzte Wiewörter!

Vergleich mit einem Namenwort	zusammengesetzte Adjektive
so kalt wie Eis	eiskalt
so stark wie ein Bär	bären. . . . .
so hart wie	
so	

Durch den Vergleich mit einem Namenwort (Substantiv) entstehen zusammengesetzte Wiewörter (Adjektive). Sie heben eine Eigenschaft hervor, betonen und verstärken sie. Du kannst die zusammengesetzten Adjektive nicht steigern. Beachte die Kleinschreibung!

2. **Bilde zusammengesetzte Adjektive (Wiewörter) !**
   Unterstreiche das Grundwort (Wiewort) !
   so hoch wie ein Turm, so schwarz wie ein Rabe, so grau wie eine Maus, so warm wie die Hand, so hart wie Eisen, so bleich wie Kreide, so grau wie Silber, so gelb wie Gold, so rot wie Blut, so schnell wie der Blitz, so blau wie der Himmel, so klar wie Glas

3. **Setze zunächst das richtige Namenwort (Substantiv) ein und bilde danach die zusammengesetzten Adjektive !**

   so fest wie ein _____ ,   so scharf wie ein _____ ,
   so rund wie eine _____ ,   so groß wie ein _____ ,
   so flink wie ein _____ ,   so weich wie die _____ ,
   so frisch wie der _____ ,   so weiß wie der _____ ,
   so still wie ein _____ ,   so hell wie der _____ ,
   so glatt wie ein _____ ,   so hart wie ein _____ ,

   (Messer, Wiesel, Butter, Tau, Kugel, Felsen, Mäuschen, Stein, Schnee, Spiegel, Riese, Tag)

4. **Bilde aus den zusammengesetzten Adjektiven Wortgruppen, die einen Vergleich enthalten!**

grasgrün	
zuckersüß	
gallenbitter	
aalglatt	
feuerrot	
bildschön	
blütenweiß	

5. **Setze die Substantive mit den Adjektiven zusammen ! Beachte die Kleinschreibung!**

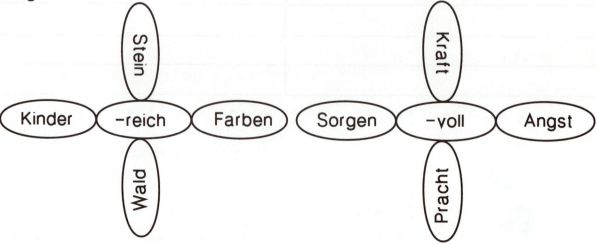

Das Tunwort (Verb)

1. Schreibe auf, was Silvia alles kann!

kochen		

2. Schreibe weitere Tätigkeiten Silvias auf! Achte auf die Kleinschreibung und setze ein Komma zwischen die einzelnen Tunwörter (Verben)!

> Tunwörter (Verben) sagen dir, was jemand tut oder was geschieht. Im Satz musst du sie kleinschreiben.

3. Schreibe unter alle Bilder, was die Personen tun!

4. Schreibe einige Tätigkeiten der Personen auf!

Bäcker			
Polizist			
Lehrer			
Tankwart			

5. Mutter hat im Haushalt viel zu tun.
   Schreibe 10 Tätigkeiten in dein Heft!

6. Bei dir zu Hause gibt es viel zu tun. Was kannst du deiner Mutter abnehmen?
   Notiere diese Tätigkeiten in deinem Heft!

7. Spiele deiner Klasse einige Tätigkeiten vor! Deine Mitschüler raten. Du musst die Tätigkeit aber ganz genau vorspielen.

8. Was tun die Kinder in deiner Schule?

   Sie _____ eine spannende Geschichte.
   Sie _____ über den lustigen Schluss.
   In der Pause _____ sie im Hof.
   Nach der Pause _____ sie ein Diktat.
   Im Sport _____ sie an den Geräten.
   In Mathematik _____ sie Aufgaben.
   Nach dem Läutezeichen _____ sie ein und _____ nach Hause.

Befehlsform des Tunworts (Verbs)

1. **Ordne die Sprechblasen den Befehlen und Bitten in der Tabelle zu!**

◯	Komm mit mir!	◯	Wirf nicht so fest!
◯	Hör doch auf sie!	◯	Fang den Ball auf!
◯	Spiel doch wieder mit!	◯	Zieht doch fester!
◯	Lass mich in Ruhe!	◯	Strengt euch an!
◯	Lass ja nicht los!	◯	Gebt nicht auf!

2. **Unterstreiche in allen Ausrufen die Befehlsform des Tunwortes (Verbs)!**

Die Befehlsform des Tunwortes (Verbs) richtet sich an eine oder mehrere Personen. Zu den Aussagen der Befehlsform gehören neben Befehlen auch Verbote, Drohungen, Warnungen, Mahnungen und Bitten. Beachte das Ausrufezeichen!

3. **Silvia hat während der Stunde einige Aufforderungen notiert, die ihr Lehrer an die Schüler gerichtet hat. Welche Aufforderungen galten für einzelne Kinder (e)? Welche Aufforderungen galten für alle Kinder (a)?**

○ Nehmt die Bücher heraus!   ○ Öffne das Fenster!
○ Schlagt sie auf!   ○ Holt den Füller heraus!
○ Setz dich doch endlich hin!   ○ Pass auf!
○ Lies die erste Aufgabe vor!   ○ Schreibt auswendig!

4. **Mutter muss während des Essens oft ermahnen.
Sie ruft:**

_____ gerade! _____ auf mit den Beinen zu strampeln!

_____ doch Messer und Gabel!

_____ den Mund leer, bevor du sprichst!

_____ den Teller leer! _____ die Knochen auf

den Tellerrand! _____ nicht so! _____ nicht aus dem Fenster!

(Setze in der richtigen Form ein: sitzen, hören, nehmen, machen, essen, legen, schmatzen, schauen)

5. **Setze die Befehlsform in der Einzahl und Mehrzahl ein!**

Grundform	Befehlsform Einzahl	Befehlsform Mehrzahl
rennen		
schlafen		
fegen		
putzen		
waschen		
fahren		
schreiben		
zeichnen		
singen		
knüpfen		

Wortfelder

1. Suche zu jedem Tier die richtige „Sprechart"!
   Trage die Tunwörter (Verben) in die Liste ein!

Bär:	Rabe:	Katze:
Kuh:	Hund:	Gans:
Hahn:	Ziege:	Schwein:

Diese Tunwörter bilden ein Wortfeld. Diese Ausdrücke helfen dir, dass du dich treffender ausdrücken kannst.

Eine Tätigkeit wird auf verschiedene Art und Weise durchgeführt. Die Wörter eines Wortfeldes sind demnach verschiedene Bezeichnungen für eine Tätigkeit, die dem Sinn nach verwandt sind.

2. Auf dem Pausenhof

Es läutet. Unser Lehrer sagt: „Jetzt ist große Pause." Die ersten Schüler stürmen aus der Klasse. Da sagt unser Lehrer: „Seid vorsichtiger!" Bald sind wir alle auf dem Hof. Laut sagen die Schüler etwas durcheinander, so dass keiner sein eigenes Wort verstehen kann. Hans stößt beim Rennen Kurt an. Der sagt böse: „Kannst du nicht aufpassen?" „Pass doch selber auf!", sagt Hans. Da wird Kurt zornig. Er packt Hans am Arm und sagt mit geballter Faust: „Wenn du mich noch einmal anrempelst, setzt es etwas ab!" Hans sagt kleinlaut: „Entschuldigung! Es war nicht so gemeint." Nun vertragen sich Kurt und Hans wieder.

Wie wirkt diese Geschichte auf dich? Unterstreiche im Text das oft verwendete Tunwort (Verb)! Ersetze sagen durch treffende Ausdrücke!

3. Wortfeld: sagen

sprechen, erzählen, berichten, rufen, behaupten, befehlen, schreien, gebieten, flüstern, seufzen, stottern, stammeln, lallen, brummen, knurren, schimpfen, schelten, lügen, leugnen, fragen, forschen, bitten, betteln, flehen, antworten, erwidern, entgegnen, einwenden, meinen, reden, schwätzen, plaudern, unterhalten, mitteilen, lispeln

● **Ordne nach folgenden Gesichtspunkten!**

lautes Sprechen, leises Sprechen, werbendes Sprechen, beschwörendes Sprechen, behindertes Sprechen, Sprechen mit Partnern

● **Kläre die Tunwörter plaudern, flüstern, murmeln, lispeln und grenze die Wortinhalte gegeneinander ab!**

4. Feuer!

In rasender Eile schlendert Vater zum Feuermelder. Er drückt den Knopf und meldet das Feuer. Die Feuerwehrleute sausen ganz gemächlich zum Feuerwehrhaus. Sie besteigen das Feuerwehrauto und flitzen gemütlich um die Ecken. Am Ort angekommen, spazieren sie hastig zum Brandherd.

Du hast sicherlich schon die Fehler bemerkt. Unterstreiche die Fehlerstellen! Schreibe den Text um und verwende dabei treffende Tunwörter (Verben)!

5. **Wortfeld: bewegen**

   gehen, laufen, rennen, springen, schreiten, hüpfen, stolzieren, marschieren, bummeln, schlendern, trotten, stolpern, traben, stapfen, wandern, fliehen, eilen, hasten, sausen, flitzen, stürmen, huschen, humpeln, schleichen, hinken, kriechen, rutschen, steigen, klettern, krabbeln, wandeln

   - Überlege dir mit deinem Nachbarn (in deiner Gruppe), unter welchen Gesichtspunkten du diese Tunwörter ordnen kannst!
   - Kläre diese Ausdrücke! Kinder stolpern, hinken, rennen, schleichen.

6. **So ein Durcheinander!**

   sehen - blicken - stehlen - nehmen - erspähen - wegnehmen - wahrnehmen - entdecken - erkennen - klauen - mitnehmen - ausspannen - bemerken - mustern - betrachten - beiseite schaffen - lange Finger machen - beobachten - glotzen - blinzeln - ansehen - starren

   - Die Wörter zweier Wortfelder sind durcheinander geraten. Ordne sie wieder!

Wortfeld:	Wortfeld:

   - Ordne die Tunwörter des Wortfeldes **sehen** nach folgenden Gesichtspunkten!
     genaues Sehen, ungenaues Sehen, konzentriertes Sehen, flüchtiges Sehen, verweilendes Sehen
   - Spiele als Pantomime! Allein auf einer Bank:
     beobachten, spähen, starren

7. Stelle Verben (Tunwörter) des Wortfeldes **geben** zusammen!
   Denke dabei an verschiedene Empfänger und an verschiedene Situationen!

8. Bei verschiedenem Wind **fliegt** dein Drachen auf verschiedene Art und Weise.
   Schreibe einige Tunwörter (Verben) auf!

9. Auf der Straße herrscht viel Verkehr. Die verschiedenen Fahrzeuge **fahren** auch ganz verschieden. Beobachte genau und schreibe 6 Sätze auf!

Zeitstufe: Gegenwart

Matikus erzählt, was gerade geschieht.

... Nun greift Kurt an.
Er umspielt drei Gegenspieler. Danach flankt er zu Hans. Hans stoppt den Ball. Jetzt treibt er den Ball in den Strafraum. Er täuscht den Tormann und schießt unhaltbar den Ausgleich.
Nun steht es 1 zu 1 ...

1. **Unterstreiche in dieser Reportage die Tunwörter! Sie sagen dir, was gerade geschieht. Fülle die Tabelle aus!**

Nennform
angreifen, umspielen,

Gegenwart
greift an,

Das Tunwort (Verb) kann in verschiedenen Zeitstufen aussagen.
Wir erzählen in der **Gegenwart**, was jetzt gerade geschieht oder gilt.

2. Autorennen

Die Rennwagen _____ an den Start. Der Rennleiter _____ die Flagge. Die Motoren _____ . Jetzt _____ die Rennwagen. Der Wagen mit der Nummer 6 _____ davon. Er _____ die enge Kurve und _____ ins Schleudern. Zweimal _____ er sich und _____ in den Fangzaun. Die nachfolgenden Wagen _____ aus. Wagen Nummer 2 _____ den Vordermann. Der Fahrer des Unglückswagens _____ aus seinem Fahrzeug. Eine Stichflamme _____ aus dem Wagen. Ein Helfer des Streckendienstes _____ das Feuer. Das Rennen _____ weiter.

Die Verben des Rundfunkreporters sind ausgelassen. Schreibe den vollständigen Bericht! Setze diese Verben in der Gegenwart ein!
(rollen, heben, heulen, starten, rasen, schneiden, geraten, drehen, prallen, weichen, streifen, springen, schießen, löschen, gehen)

3. Munteres Treiben im Aquarium

Beobachte, was gerade geschieht, und schreibe deine Beobachtungen auf! Verwende die Zeitform der Gegenwart!

4. Verkehrte Welt

Der Drucker hat dir einen Streich gespielt. Bringe die Sätze in Ordnung!

Der Wellensittich rast über die Kreuzung.

Das Kind wiehert in seinem Stall.

Das Flugzeug pfeift in seinem Käfig.

Der Vater startet auf dem Flughafen.

Das Auto planscht in der Badewanne.

Das Pferd arbeitet auf dem Speicher.

5. Setze treffende Tunwörter (Verben) in der Gegenwart ein!

Kurt		unter der Dusche.
Gerda		vom Sprungbrett.
Betti		im Nichtschwimmerbecken.
Klaus		am Beckenrand.
Isolde		auf den Grund.
Sigrun		ihre Freundin.

6. Silvia näht einen Knopf an

Beschreibe den Vorgang in Sätzen! Verwende die Wörter dieser Sammlung!

> Faden abschneiden, am Ende verknoten,
> Faden einfädeln, durch Löcher hin- und hernähen,
> Faden zwischen Knopf und Stoff wickeln,
> Faden vernähen, Faden abschneiden,
> Nadel, Schere und Nähgarn aufräumen.

Zuerst legt Silvia die Dinge, die sie zum Knopfannähen benötigt, bereit.
Danach . . .

7. Gute Vorsätze

Peter hat Geburtstag. Er wird 10 Jahre alt. Er hat gute Vorsätze gefasst. Er sagt:

Ich   (Mutter helfen)

Ich   (Vater gehorchen)

Ich   (nicht mehr mit Schwester streiten)

Ich   (im Unterricht aufpassen)

Ich   (dem Lehrer nicht widersprechen)

Ich   (alle Hausaufgaben anfertigen)

8. Das Nachtgespenst

Hans ist mit Silvia allein zu 🏠. Es ist 🕐. Silvia liegt schon im 🛏. Plötzlich 👂 sie ein lautes Poltern. Ängstlich hält sie ihre Hände vors Gesicht. Sie 👁 durch das 🤚. Vor Angst 👄 sie laut und 🦵 hinter den 🚪. Das 👻 Hans 👁 unter dem Betttuch hervor. Da muss Silvia lachen.

Schreibe diese Geschichte auf und unterstreiche die Verben!

9. Der Tankwart

Schreibe in Sätzen auf was der Tankwart alles zu tun hat!

10. In der großen Pause

In der Pause ist viel los. Schreibe deine Beobachtungen auf!

11. Schuhputzen

Damit diese Arbeit auch gelingt, musst du die einzelnen Arbeitsschritte genau nacheinander vollziehen. Führe es der Klasse vor und beschreibe genau die einzelnen Tätigkeiten!

Zeitstufe: Vergangenheit

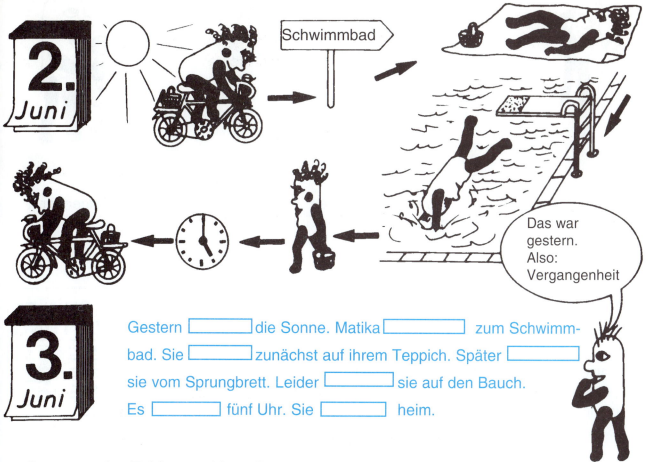

Gestern ☐ die Sonne. Matika ☐ zum Schwimmbad. Sie ☐ zunächst auf ihrem Teppich. Später ☐ sie vom Sprungbrett. Leider ☐ sie auf den Bauch. Es ☐ fünf Uhr. Sie ☐ heim.

Du musst eine Zeitform wählen, die ausdrückt, dass das Geschehen vorbei ist.

1. **Setze die Verben in die Vergangenheit!**
(scheinen, fahren, liegen, springen, fallen, sein, heimkehren)

Was ich gestern tat

Nennform				
Vergangenheit				

Nennform				
Vergangenheit				

Nennform				
Vergangenheit				

Wir erzählen in der **Vergangenheit**, wenn das Geschehen bereits vorbei (vergangen) ist. Bei starken Verben ändert sich in der Vergangenheit der Selbstlaut des **Wortstamms** (z.B. finden - fand).

2.

Reportage

Nun greift Kurt an. Er umspielt drei Gegenspieler. Danach flankt er zu Hans. Hans stoppt den Ball. Jetzt treibt er den Ball in den Strafraum. Er täuscht den Tormann und schießt unhaltbar den Ausgleich. Nun steht es 1 zu 1.

Unterstreiche in dieser Reportage die Verben! In der Schülerzeitung stand folgender Bericht. Achte auf die Vergangenheit!

3. Zeitungsbericht

Schreibe die Sätze des Rundfunkreporters über ein Autorennen so auf, wie ein Bericht in der Zeitung lauten könnte.
Setze die Verben in die Vergangenheit!
(rollen, heben, heulen, starten, rasen, schneiden, geraten, drehen, prallen, weichen, streifen, springen, schießen, löschen, gehen)

Die Rennwagen _____ an den Start. Der Rennleiter _____ die Flagge. Die Motoren heulten. _____ _____ die Rennwagen. Der Wagen mit der Nummer 6 _____ davon. Er _____ die enge Kurve und _____ ins Schleudern. Zweimal _____ _____ er sich und _____ in den Fangzaun. Die nachfolgenden Wagen _____ aus. Wagen Nummer 2 _____ den Vordermann. Der Fahrer des Unglückswagens _____ aus seinem Fahrzeug. Eine Stichflamme _____ aus dem Wagen. Ein Helfer des Streckendienstes _____ das Feuer. Das Rennen _____ weiter.

4. Fertige solche Wortkärtchen an und ordne der Nennform des Verbes die Vergangenheit zu!

schlafen	lief	sehen	kommen
rief	schreien	lag	sprechen
sprach	liegen	nehmen	stahl
stehen	laufen	schlief	fliegen
stehlen	schrie	rufen	kam
sah	nahm	flog	stand

5. Zeichne die Beugungstabelle der Verben in dein Heft und fülle für die angegebenen Verben die Spalten aus!

Nennform	Vergangenheit	Selbstlaute
k<u>o</u>mmen	k<u>a</u>m	o a
fl<u>ie</u>hen		

Verwende diese Verben!

schwimmen - bitten - helfen - hängen - fahren - raten - stoßen - heißen - lügen - reiten - lassen - brennen - essen - gehen - kennen - blasen - singen

6.

Matikus schläft   Matikus schlief

Gegenwart jetzt	Vergangenheit schon vergangen	Nennform
er spielt	er spielte	spielen
		lachen

Verwende die Verben weinen, holen, suchen, kaufen, kämmen, bügeln, nähen, kochen, putzen, fegen!

7. Reimpaare in der Vergangenheitsform

backen - singen - nennen - finden - schleifen - rennen - schreiben - wachen - schreiten - hacken - binden - brennen - lachen - reiten - kennen - reiben - pfeifen - zwingen

8. Bilde die Vergangenheit und setze in die Kästchen ein! Wie heißt das Lösungswort?

verlieren
steigen
werfen
singen
denken
schwinden
gehen
backen
hängen
Lösungswort:

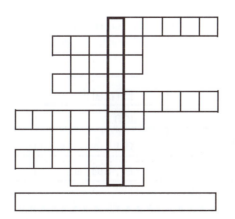

Persönliche Fürwörter (Pronomen)

„Matikus und Matika, ☐ seid aber fleißig."

Darüber freuen ☐ sich sehr.

1. Person
Wenn ich von mir rede, ersetze ich meinen Namen durch ich.

2. Person
Wenn ich jemanden anrede, ersetze ich seinen Namen durch du.

3. Person
Wenn ich über jemanden spreche, ersetze ich den Namen durch er (sie, es)

Die persönlichen Fürwörter treten an die Stelle der Namenwörter (Substantive).

	Einzahl	Mehrzahl
1. Person	ich	wir
2. Person	du	ihr
3. Person	er, sie, es	sie

1. **Wiederholungen**

    So ein Wind

    Draußen ist es düster geworden. Der Wind rüttelt an den Fensterläden. Der Wind bricht einige Äste ab. Peter hält seine Hände vors Gesicht. Peter reibt den Staub aus den Augen. Gabi verliert ihre Mütze. Gabi läuft rasch nach Hause. Ein Kind ist gestürzt. Das Kind weint bitterlich. Vater und Mutter schließen die Türen und Fenster. Vater und Mutter warten ungeduldig auf ihre Kinder.

    Unterstreiche die Wiederholungen und ersetze sie durch persönliche Fürwörter!

2. **Mutters Geburtstag**

    Claudia und Inge planen eine Überraschung. Sie verteilen die Hausarbeit so.

    Ich . . .   Du . . .   Wir . . .

    (Tisch decken, Geschirr waschen, Zimmer aufräumen, einkaufen gehen, Schuhe putzen, einen Blumenstrauß kaufen)

    Schreibe die Sätze in dein Heft!

3. **Fülle die Lücken aus!**

    Karl denkt: „_____ helfe Vater. Sicherlich freut _____ sich über meine Hilfe". „Das hast _____ dir gut ausgedacht", lobt ihn Vater. „Mutti schau nur, wie unser Kind fleißig ist! _____ putzt allein das Auto."

4. **Schreibe in der geforderten Person!**

Er liest die Zeitung.	1. P. M.	
Sie putzt die Schuhe.	2. P. E.	
Ich sehe fern.	3. P. M.	
Du kommst zu spät.	2. P. M.	
Wir fahren in Urlaub.	1. P. E.	
Er liegt im Bett.	3. P. M.	

Bildung von Wiewörtern (Adjektiven) mit nachgestellten Wortbausteinen -bar, -haft, -ig, -lich, -los, -sam (Nachsilben)

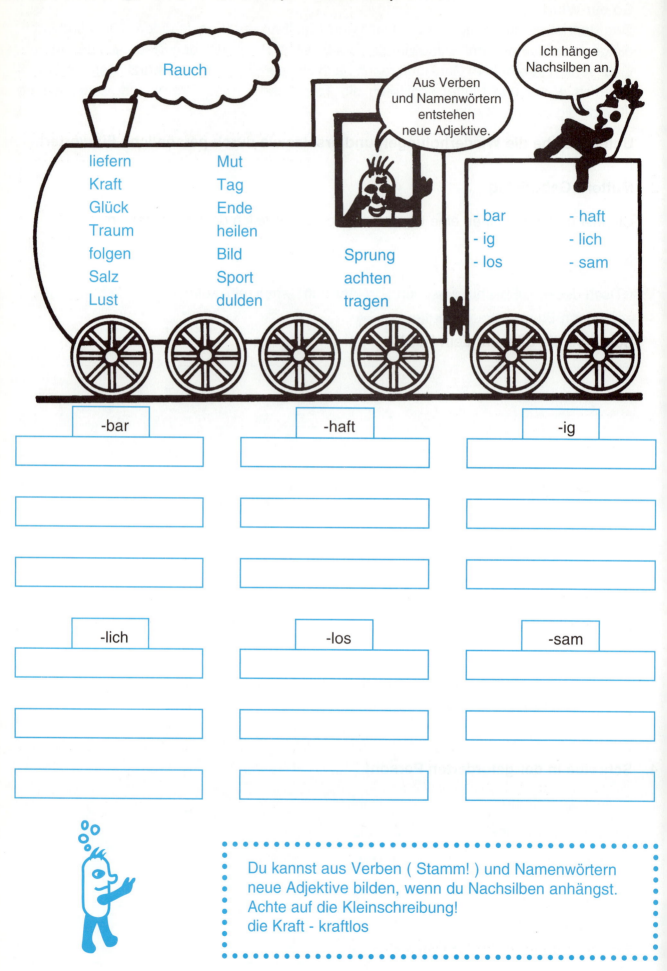

Du kannst aus Verben (Stamm!) und Namenwörtern neue Adjektive bilden, wenn du Nachsilben anhängst. Achte auf die Kleinschreibung!
die Kraft - kraftlos

1. **Setze die Puzzle-Steine zusammen!**

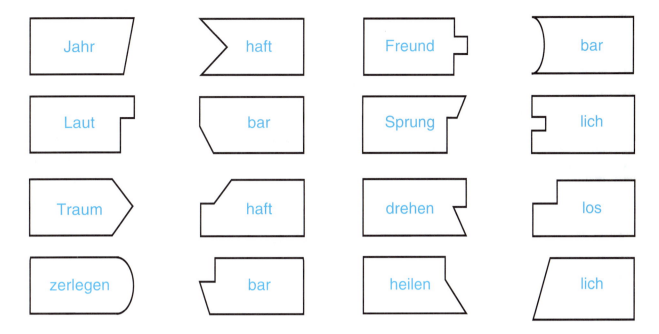

Notiere die entstandenen Adjektive in dein Heft und achte auf die Kleinschreibung!

2. - ig oder - lich ?

   Blut, Durst, Bürger, Eis, Freund, Feind, Fleiß, Fleck, Freude, Fest, Friede, Haus, Herz, Jahr, Kind, König, Lehm, Liebe, Luft, Lust, Mann, Mut, Schmerz, Schmutz, Salz, Sport, Stein, Trauer

3. **Was passt zusammen?**

Angst	Frieden	Gewalt	Hunger	Lust	Riese	- bar
Boden	Freude	Grenze	hasten	Mut	Stachel	- ig
Ende	Frost	grausen	Herz	Nutzen	Schuppe	- lich
essen	fragen	Glück	Kraft	Norden	Schreck	- los
erben	Gefahr	Gemüt	kosten	Ohnmacht	Zahn	- sam

4. **Setze die richtige Nachsilbe ein!**

ehr _____ Finder   lust _____ Kinder
gefähr _____ Kreuzungen   bauch _____ Flaschen
ries _____ Städte   hast _____ Bewegungen
verderb _____ Speisen   zahn _____ Kiefer

Schreibe auch in der Einzahl auf!

Verben mit vorangestellten Wortbausteinen (Vorsilben)

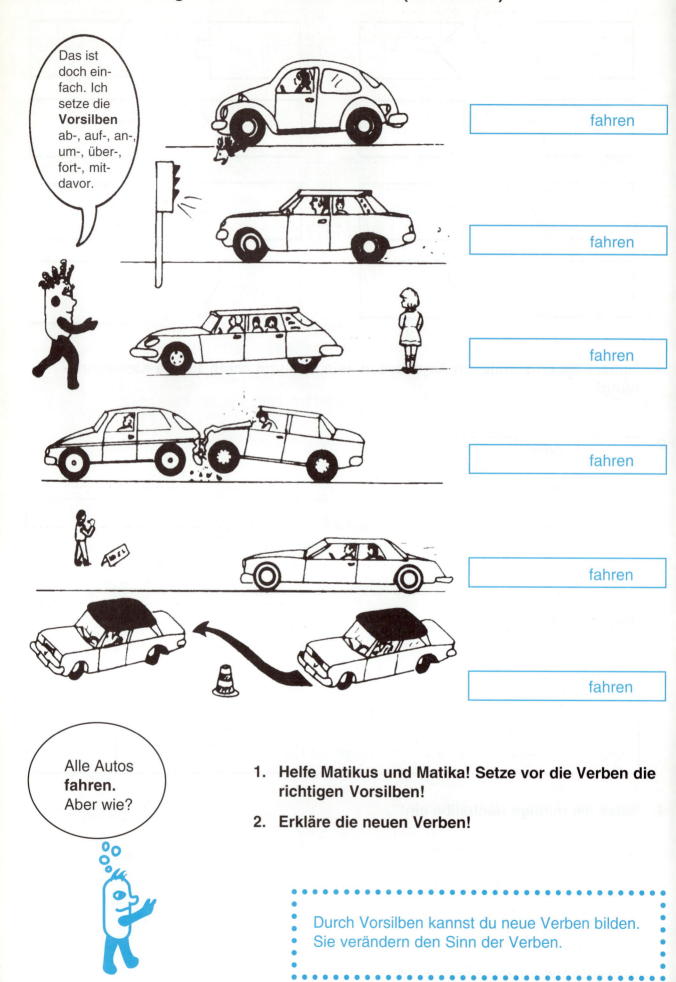

Das ist doch einfach. Ich setze die **Vorsilben** ab-, auf-, an-, um-, über-, fort-, mit- davor.

Alle Autos **fahren**. Aber wie?

1. Helfe Matikus und Matika! Setze vor die Verben die richtigen Vorsilben!
2. Erkläre die neuen Verben!

Durch Vorsilben kannst du neue Verben bilden.
Sie verändern den Sinn der Verben.

3.

Die Lokomotive fährt immer nur mit einem Wagen ab. Notiere alle neuen Verben in dein Heft!

4. **Hänge an!**

   ☐ : atmen, bauen, bilden, halten, lachen, kennen, leeren

   ☐ : blättern, brechen, füttern, lesen, queren, sickern, sprechen

   ☐ : führen, kaufen, nehmen, räumen, stellen, werfen, zahlen

5. **Verbinde!**

arbeiten		kommen		schreiben	
aus	vor	mit	durch	auf	ein
ver	um	nach	an	über	ab

Schreibe alle möglichen zusammengesetzten Verben in dein Heft!
Bilde auch Sätze!

6. **Aus zwei mach eins!**

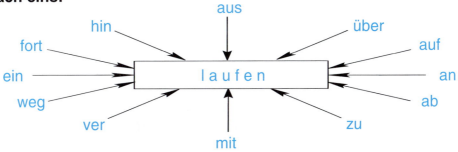

7. **Bilde mit Vorsilben neue Verben!**

   Menschen werden zu Feinden. _____

   Zwei Jungen werden zu Freunden. _____

   Der Boden wird zu Sumpf. _____

   Er stirbt an Hunger. _____

Namenwörter (Substantive) werden zu Tunwörtern (Verben)

Namenwort (Substantiv)	Werkzeuge	Tunwort (Verb)
①		
②		
③		
④		
⑤		
⑥		
⑦ Sieb		sieben
⑧ Bürste		
⑨		

Mit diesen Werkzeugen kann ich etwas tun.

Nägel •	Schrauben •	Leim •
Farbe •	Meißel •	Beize •

Ich probiere es mit diesen Wörtern.

1. Schreibe die Verben auf, die aus den Namenwörtern (Substantiven) entstehen!

Aus Namenwörtern (Substantiven) kann ich Verben bilden. Beide Wortgruppen sind miteinander verwandt: Hammer - hämmern. Wird das Namenwort aber als Verb verwendet, muss ich es kleinschreiben.

2. Verwandte

	Wie heißt das verwandte Substantiv?	Wie heißt das verwandte Verb?	
färben			Leim
pudern			Wachs
rudern			Pfeffer
schaufeln			Kamm
pumpen			Salbe
filtern			Zucker
ködern			Salz

3. Schreibe zu diesen Namenwörtern das verwandte Verb in dein Heft!

Bahn, Ziel, Sturm, Angel, Tisch, Kopf, Telefon, Stempel, Futter, Teer, Kleid, Teil, Haus, Mauer, Frühstück, Ton, Dampf, Blut, Schaum, Rauch, Hunger, Durst, Zweifel, Angst, Trost, Rost, Schimmel, Scham, Qual, Schale, Neid, Lob, Gruß, Erbe, Rat, Liebe, Hass

4. Namenwort oder Verb?

Wir | Kämmen | kämmen | uns täglich.
Der Friseur arbeitet mit mehreren | Kämmen | kämmen | .
Vaters | Feile | feile | ist neu.
Hans, | Feile | feile | die Ecke rund!
Vater fängt am Abend gerne | Fische | fische | .
Ich | Fische | fische | nur in den Ferien.
Das Regal hält ohne | Schrauben | schrauben | .
Wir | Schrauben | schrauben | das Brett fest.

5. Vereinfachungen

Vater fängt Fische. Vater fischt.
Der Bauer hat Hunger. Vater nimmt sein Frühstück ein. Silvia spielt Flöte. Er stellt Filme her. Die Hand lässt Blut hervortreten. Sie empfindet Trauer. Das Brot setzt Schimmel an. Er wendet ihm Hass zu. Er gibt ihm eine Ohrfeige.

Namenwörter (Substantive) mit den nachgestellten Wortbausteinen -heit, -keit, -nis, -tum, -ung (Nachsilben)

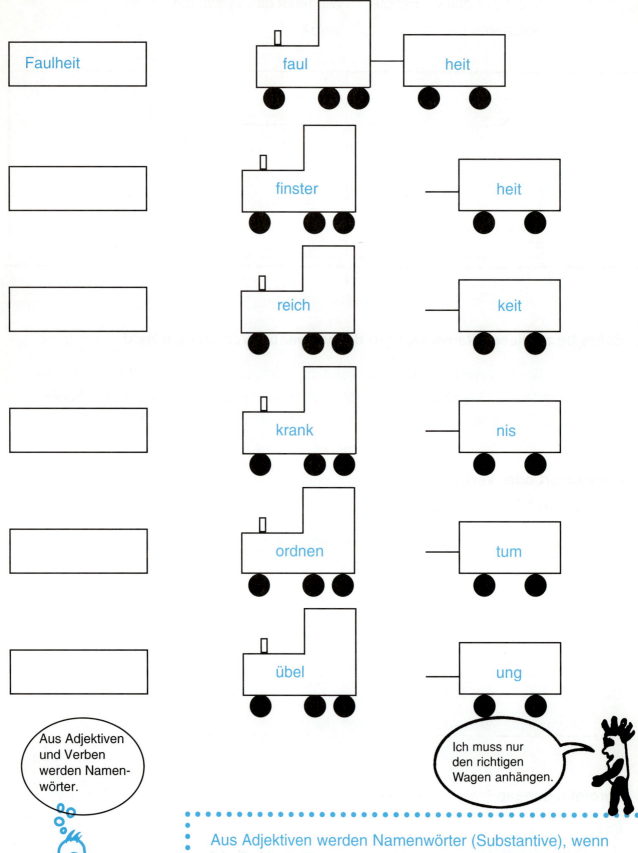

Aus Adjektiven und Verben werden Namenwörter.

Ich muss nur den richtigen Wagen anhängen.

Aus Adjektiven werden Namenwörter (Substantive), wenn ich die Nachsilben -heit, -keit, -nis, -tum anhänge. Bei Verben streiche ich zunächst die Endung und hänge an den Stamm die Nachsilbe -ung.

1. **Aus Verben werden Namenwörter (Substantive)**

   Hänge an den Stamm des Verbs die Nachsilbe -ung!
   Schreibe die Namenwörter mit Artikel auf!

üben	erziehen	verbessern	wohnen
hoffen	rechnen	berichtigen	bedienen
bilden	führen	ordnen	kleiden
erzählen	zähmen	zeichnen	untersuchen

   -ung

2. **Wortsterne**

3. **Setze die richtigen Wörter ein!**

   Auf der . . . . gefiel Hans das Bild mit den Blumen am besten. Der ehrliche Finder erhielt eine . . . . Durch einen festen Verband wurde die . . . . gestillt. Die . . . . des Hauses war sehr teuer. Die . . . . des Kranken machte gute Fortschritte. Das Flugzeug zerschellte bei der . . . . In der . . . . machte Gerd erneut Fehler. Die . . . . des Verunglückten waren tödlich.

   Belohnung, Landung, Verbesserung, Einrichtung, Blutung, Verletzung, Genesung, Ausstellung

4. **Wie heißen die Verben?**

   Ausstellung, Begrüßung, Bewunderung, Bildung, Erkältung, Ernährung, Forschung, Lieferung, Ordnung, Reservierung, Schlachtung, Übertreibung, Verdauung, Verletzung, Versicherung, Vorführung, Wohnung, Zerstörung

45

Substantive, Adjektive und Verben mit vorangestellten Wortbausteinen
be-, er-, ent-, ge-, miss-, ver-, zer- (Vorsilbe)

1. Bilde weitere Adjektive mit der Vorsilbe -un !

   treu, echt, klug, modern, absichtlich, anständig, bekannt, dicht, gesund, sicher, deutlich, klar, fruchtbar, nötig, sichtbar, fähig, teilbar, angenehm, einig, durchsichtig, gewiss, heimlich, würdig, erfreulich, entbehrlich, schädlich, erwünscht, entschlossen. empfindlich, entschieden

2. Wende die neuen Adjektive auch in Sätzen an!

Durch Vorsilben wird die Bedeutung der Wörter verändert. Die Vorsilbe **un**- verkürzt und drückt die Verneinung aus. Andere Vorsilben sind zer-, ent-, miss-, ge-, be-.

3. Das kannst du kürzer sagen!

die Luft herauslassen
die Steine herausdrücken
den Saft herauspressen
die Haut abziehen
mit der Wurzel herausreißen
das Wasser ableiten
die Farbe herauswaschen
die Fesseln abstreifen
die Hülle wegnehmen
das Eigentum wegnehmen
das Haupt abschlagen

ent-

4. zer- bedeutet „auseinander".

Die Haare sind _____
Die Butter ist _____
Die Scheibe ist _____
Ein fehlerhafter Brief wird _____
Das Buch ist _____
Der Schneemann ist _____
Das Auto wurde beim Unfall _____

5. Falsch notiert!
Matikus hat die Bälle falsch eingeräumt. Streiche die falschen Bälle durch!

er -			ge -			miss-		
zählen	horchen	warten	fahren	sehen	brauchen	handeln	trauen	wachen
fallen	raten	leben	raten	stehen	geben	raten	lingen	greifen
fassen	greifen	hören	glücken	frieren	achten	brechen	billigen	leiten

6. ver - ver - ver - ver - ver - ver
Wende die neuen Verben in Sätzen an!

brennen, bieten, wandeln, raten, kaufen, irren, folgen, stehen, kehren, büßen, fallen, knoten,

47

Der Aussagesatz

1. Elternberufe

Die Schüler der Klasse 3a erhalten eine besondere Aufgabe. Sie sollen sich über den Beruf ihrer Mütter und Väter informieren und am nächsten Tag vor der Klasse erzählen.

So erzählen die Kinder.

Anja: Meine Mutter steht früh auf. Sie richtet für alle das Frühstück und das Vesperbrot. Am Morgen kauft sie ein. Sie räumt die Wohnung auf. Sie füllt die Wäsche in die Waschmaschine. Später hängt sie die Wäsche auf. Den ganzen Tag hat sie für die Familie zu tun.

Sven: Meine Mutter fährt nach dem Frühstück in die Stadt. Sie muss den ganzen Tag stehen. Sie zeichnet die Waren aus. Manchmal muss sie auch die Kunden beraten. Erst am Abend kommt sie heim.

Miriam: Mein Vater arbeitet meistens im Freien. Er gräbt die Beete um. Danach düngt er sie. Oftmals jätet er das Unkraut. Die kleinen Pflanzen setzt er in kleine Blumentöpfe. Größere Pflanzen topft er um.

Welche Berufe üben diese Eltern aus? Trage sie in die Schreiblinien ein!

2. Erzähle, was du über den Beruf des Landwirts weißt! Die Wortsammlung kann dir dabei helfen.

> säen, pflügen, eggen, düngen, ernten, dreschen

In diesen Erzählsätzen werden verschiedene Aussagen gemacht. Die Erzählsätze heißen daher auch Aussagesätze. Sie sagen aus, wer etwas tut und was jemand sagt. Am Ende des Aussagesatzes steht ein Punkt.

3. Der Schulzahnarzt

Heute kam der Schulzahnarzt in unsere Schule er untersuchte die Zähne aller Schüler Gabi hatte keine Angst sie putzt täglich zweimal ihre Zähne der Schulzahnarzt lobte sie er war aber nicht mit allen Kindern zufrieden Jochen hatte ein schlechtes Gewissen er benützt seine Zahnbürste nur selten.

**Thomas hat in seinen Sätzen die Satzzeichen vergessen.
Schreibe seine Aussagesätze richtig auf!**

Heute kam

4. Ein Wörterplakat

In diesem Wörterplakat findest du Satzteile, mit denen du 6 Aussagesätze bilden kannst. Schreibe die Aussagesätze auf!

Petra spielt mit

- **Unterstreiche in diesen Aussagesätzen rot, wer etwas tut!**
- **Unterstreiche in diesen Aussagesätzen grün, was jemand tut!
  Unterstreiche aber nur die Tunwörter!**
- **Stelle selbst ein Wörterplakat her!**

Der Fragesatz

1. Klassenausflug

Die Schüler der Klasse 3a haben sich für den Ausflug zur Burg Berwartstein entschieden. Sie haben noch viele Fragen an ihren Klassenlehrer.

Das hat der Klassenlehrer geantwortet:

> Wir fahren mit dem Bus. Der Ausflug kostet 10 DM. Um 8 Uhr treffen wir uns vor der Schule. Die Busfahrt dauert zwei Stunden. Gabis Mutter begleitet uns. Auf dem Spielplatz vor der Burg könnt ihr spielen. Von der Burg wandern wir zum Tiergehege. Um 16 Uhr holt uns der Bus wieder ab. Um 18 Uhr sind wir wieder an der Schule. Alle Schüler steigen an der Schule aus.

Auf welche Fragen hat der Klassenlehrer geantwortet? Schreibe die Fragen auf!

Womit fahren wir? Wie viel

2. Stelle weitere Fragen! Was willst du noch wissen?

3. Was fällt dir an den Fragesätzen auf? Sprich einige Fragesätze und höre auf die Sprechweise (Satzmelodie)!

> Beim Fragesatz heben wir am Schluss die Stimme. Geschriebene Fragesätze erkennst du am Fragezeichen.

4. Der Neue in Klasse 3 a

Am Freitag brachte die Klassenlehrerin einen neuen Schüler mit in die Klasse. Die Schüler hatten viele Fragen an den Neuen.

Wie heißt du? Woher

Die Schüler fragten nach dem bisherigen Wohnort, nach der Anzahl der Schüler, nach seinem Lieblingsfach, nach den Geschwistern, nach seinem Geburtstag, nach seiner Freizeitbeschäftigung, nach einem eigenen Zimmer, nach dem Beruf der Eltern.

5. Frage-Antwort-Spiel

Mark hat ein Spiel vorbereitet. Er steht vor der Klasse. In der linken Hand hält er einen Korb. In der rechten Hand hält er einen Gegenstand, ohne dass ihn seine Mitschüler sehen. Es gilt diesen Gegenstand mit den wenigsten Fragen zu raten.

> Woraus ist der Gegenstand? Welche Form hat der Gegenstand?
> Wie groß ist der Gegenstand? Wozu gebraucht man den Gegenstand?

Stelle auch andere Fragen! Wer einen Gegenstand erraten hat, wird der neue Spielleiter.

6. Durch Fragen Probleme lösen

Miriam war einkaufen. Auf dem Heimweg trifft sie ihre Freundinnen. Sie stellt ihre Einkaufstasche an einen Baum und spielt mit. Nach einer Stunde will sie nach Hause gehen. Sie greift in die Tasche und stellt fest, dass ihr Geldbeutel fehlt.
Miriam überlegt genau:

Wo hatte ich den Geldbeutel zuletzt? W

Finde weitere Fragen, die sich Miriam überlegen könnte!

Der Aufforderungssatz

1. Welche Aufforderung ist eine Bitte, welche ein Befehl? Male die Bitten gelb an!
2. Schreibe die Befehle als Bitte auf!

_____
_____
_____
_____
_____
_____

Bernd hat auf dem Spielplatz dem kleinen Mark den Bagger weggenommen. Bernds Mutter fordert ihren Sohn auf, den Bagger zurückzugeben.

3. Schreibe die Aufforderung zunächst als Bitte, dann als Befehl auf!

_____
_____

4. Woran erkennst du einen Aufforderungssatz?

Am Ende eines Aufforderungssatzes _____

Eine Aufforderung kannst du als Bitte oder Befehl gestalten. Nach Aufforderungssätzen steht ein Ausrufezeichen.

5. Höflich oder barsch

A Nach der Pause ist es im Klassenzimmer ziemlich laut.
   Die Klassenlehrerin betritt das Zimmer.

B Abends um 8 Uhr ist dein Zimmer noch nicht aufgeräumt.
   Deine Mutter kommt herein.

Schreibe jeweils zwei Aufforderungssätze auf!

A _____
   _____

B _____
   _____

6. Was deine Klassenlehrerin sagt

seidnichtsolaut   holtbittediehefteheraus   seidleise
wiederholedenletztensatz sprichbitteetwaslauter

**Schreibe den Text richtig auf! Beachte die Großschreibung der Namenwörter!
Denke an die Großschreibung am Satzanfang und an die Satzzeichen!**

_____
_____
_____

7. Bitten, befehlen, auffordern

Schreibe Aufforderungssätze, die du in der Klasse hörst! Die Wörter der Sammlung helfen dir. Pass auf, ob ein Schüler oder mehrere Kinder aufgefordert werden!

_____
_____
_____
_____
_____
_____
_____

an die Tafel gehen, an die Tafel schreiben, die Tafel abwischen, Heft zeigen, Buch aufschlagen, Fenster öffnen, Tür schließen, Text abschreiben, lauter sprechen, Überschrift unterstreichen, Fehler verbessern

Die Satzarten
Jochen und Christian lassen einen Drachen steigen.

Jochen: Heute ist der Wind günstig   Wollen wir unseren Drachen steigen lassen

Christian: Ich renne schnell nach Hause   Kommst du mit   Ich muss meinen Eltern Bescheid geben

Jochen: Das wird ein toller Tag   Ich halte den Drachen   Lauf du mit der Schnur los

Christian: Die Schnur ist gespannt   Lass jetzt den Drachen los

Jochen: Sieh nur   Er steigt   Nun ist er höher als der Kirchturm

Christian: Unser Drachen fliegt höher als alle anderen

Jochen: Pass gut auf   Der Wind hat sich gedreht   Wickle lieber etwas Schnur auf

Christian: Glaubst du, ich bin eine Angsthase   Meinst du, ich lasse heute zum ersten Mal einen Drachen steigen

Jochen: Halte keine Reden   Pass lieber auf   Hast du nicht den Baum gesehen

Christian: Hilf mir doch   Der Drachen stürzt ab

Jochen: Zieh die Schnur an   Kannst du nicht schneller laufen

Christian: Nun ist es zu spät   Schau nur hin   Unser Drachen hängt fest

Jochen: Wie bringen wir den Drachen heil herunter   Der Baum ist viel zu hoch

Christian: Soll ich eine Leiter holen   Bleib du solange hier   Ich bin gleich zurück

1. Lies das Gespräch mehrmals und achte auf die richtige Betonung!

2. Lies nun das Gespräch mit leiser Stimme und füge die richtigen Satzzeichen ein!

3. Gib an, wie du die Aussagesätze erkennst! Suche sie heraus und lies sie vor!

4. Wie findest du die Fragesätze? Wie viel Fragesätze kommen in diesem Gespräch vor?

5. Die drei Satzarten unterscheiden sich auch im Klang. Wie sprichst du einen Fragesatz? Wie ändert sich der Klang bei einem Aufforderungssatz?

In Aussagesätzen wird etwas mitgeteilt.
In Fragesätzen wird etwas erfragt.
In Aufforderungssätzen wird eine Bitte oder eine Anweisung erteilt.
Merke:
Am Ende eines Aussagesatzes steht ein Punkt.
Am Ende eines Fragesatzes steht ein Fragezeichen.
Am Ende eines Aufforderungssatzes steht ein Ausrufezeichen.

Die Satzaussage
Mädchen für alles

Ein Feuerwehrauto _____ über die Kreuzung.

Die Sirene _____ viele Menschen.

Der Wagen _____ vor einem hohen Baum.

Einige Leute _____ aus den Fenstern.

Mehrere Spaziergänger _____ sehr neugierig.

Die Feuerwehrleute _____ aus dem Wagen.

Sie _____ auf den großen Baum.

Eine kleine Katze _____ auf einer Astgabel.

Ein Feuerwehrmann _____ auf die Leiter.

Er _____ nach der Katze.

Die Katze _____ kläglich.

Der Feuerwehrmann _____ sie mit beiden Händen.

Er _____ sie vorsichtig die Leiter hinunter.

Die Zuschauer _____ Beifall.

In diesem Text fehlt in jedem Satz ein Tunwort. Versuche dennoch die Geschichte zu verstehen.

Die fehlenden Tunwörter stehen ungeordnet im Wortkasten. Füge diese Tunwörter passend in die Sätze ein und unterstreiche sie grün!

> beobachten, blicken, erschreckt, greift, hält, klatschen, miaut, packt, saust, sitzt, springen, starren, steigt, trägt

Die eingefügten Tunwörter geben eine Aussage auf die Fragen:

Frage:	Antwort:
Was tut das Feuerwehrauto?	saust
Was tut die Sirene?	erschreckt
Was tut der Wagen?	....
Was tun die Leute?	....
Was tun die Spaziergänger?	....
Was tun die Feuerwehrleute?	....
Was tun sie?	....
Was tut die kleine Katze?	....

> Das Satzglied, das aussagt, was jemand tut oder was geschieht, nennen wir Satzaussage oder Satzkern.

1. **Unterstreiche in der folgenden Geschichte die Satzaussage!**
   Denke daran, dass die Satzaussage aussagt, was geschieht!
   Mitten in der Nacht schreckt die Sirene die Menschen aus dem Schlaf. Vater springt aus dem Bett. Er zieht den Rolladen hoch. Hinter der Kirche sieht er Flammen. Rasch öffnet er das Fenster. Nun hört er die Sirene eines Feuerwehrautos. Die Flammen erhellen den Nachthimmel. Jetzt hält das Feuerwehrauto. Die Feuerwehrmänner springen aus dem Wagen. Sie löschen den Brand.

2. **So ein Durcheinander!**

   Am nächsten Morgen qualmen die Aufräumungsarbeiten. Die Trümmer weinen noch. Viele Leute beginnen am Straßenrand. Sie bemitleiden die Arbeiten. Einige Menschen beobachten. Sie stehen den Hausbesitzer. Der Hausbesitzer wohnt auf die Trümmer. Er beseitigt nun bei Verwandten. Ein Bagger starrt die Trümmer.

   Hier sind die Satzkerne vertauscht, so dass die Sätze keinen Sinn ergeben.
   Schreibe diese Geschichte mit richtig zugeordneten Satzaussagen (Satzkernen) auf!

3. **Viele Aufgaben der Feuerwehr**

   Die Feuerwehr _____ einen Brand.

   Die Feuerwehr _____ verirrte Tiere.

   Die Feuerwehr _____ Menschen.

   Die Feuerwehr _____ bei einem Autounfall.

   Die Feuerwehr _____ die Straße.

   Die Feuerwehr _____ einen Keller lerr.

   Die Feuerwehr _____ Öllachen auf der Straße.

   In diesen Sätzen fehlen die Tunwörter befreien, beseitigen, helfen, löschen, pumpen, retten, sperren.

   Bilde aus diesen Tunwörtern die richtige Satzaussage und setze sie ein!
   Pass auf: Die Tunwörter stehen nicht in der richtigen Reihenfolge.

4. Die Tiere machen Karneval

Die Tiere machen Karneval
zu Marburg an der Lahn.
Der Hahn trägt einen Regenschirm
und schreitet stolz voran.

Auf einem Fahrrad fährt der Bär,
in Stiefeln kommt der Ackergaul,
die Gans hält einen Luftballon,
die Kuh trägt eine Pfeif im Maul.

Der Ziegenbock schreit Kikeriki,
der Dachs schlägt einen Purzelbaum,
der Uhu mit dem Jägerhut,
spielt Dudelsack, man glaubt es kaum.

Und wenn sie auf dem Berge sind,
hoch oben vor dem Schloss,
dann singen sie, dann tanzen sie,
im Takte stampft das Ross.

Josef Guggenmos

Was erfährst du in diesem Gedicht von Josef Guggenmos über den Hahn, den Bär, die Gans, den Dachs und das Ross?
Schreibe die Sätze auf und unterstreiche die Satzaussagen grün!

_____
_____
_____
_____

5. Kuddelmuddel

Der Hahn grunzt fröhlich „Guten Morgen!"
Die Ente trillert ohne Sorgen.
Die Schwalbe wiehert in dem Nest.
Das Pferdchen zwitschert laut und fest.
Die Kuh schlägt froh in ihrem Stall.
Im Walde brüllt die Nachtigall.
Vergnüglich kräht im Schlamm das Schwein.
Wer`s besser weiß, bringt Ordnung drein!

(Nach Otto Scholz)

Unterstreiche in diesem Gedicht die Satzaussagen!
Schreibe das Gedicht mit geordneten Satzaussagen!

_____
_____
_____
_____
_____
_____

So wird es nun in Ordnung sein.

Eine Satzaussage fehlt. Tausche im zweiten Satz „trillert" gegen „schnattert" aus!

Die zweiteilige Satzaussage

Der vorsichtige Träumer

In einem Städtchen suchte am Abend ein Fremder ein Gasthaus auf. Er setzte sich in die Gaststube. An diesem Abend aß er nur sehr wenig. Der lange Marsch hatte ihn sehr ermüdet. Daher ging er frühzeitig in sein Zimmer. Er zog sich bis auf sein Hemd aus. Danach zog er ein Paar Pantoffeln aus seinem Bündel. Diese legte er an. Darauf band er sie noch an seinen Füßen fest. In dem gleichen Zimmer übernachtete noch ein anderer Wandersmann. Dieser fragte ihn neugierig: „Guter Mann, warum tust du das?" Darauf erwiderte der erste Wandersmann: „Das ist wegen der Vorsicht. Ich bin einmal im Traum in eine Glasscherbe getreten. Da habe ich im Schlaf schreckliche Schmerzen empfunden. Seither will ich um keinen Preis mehr barfuß schlafen."

- Erfrage in allen Sätzen die Satzaussage! Unterstreiche sie grün!
- Welchen Unterschied erkennst du bei den Satzaussagen?

_____

_____

- Wie heißen die Satzaussagen, die nur aus einem Teil bestehen?
- Die anderen Satzaussagen bestehen aus zwei Teilen. Überlege dir, wie die zweiteiligen Satzaussagen gebildet wurden!

1. Ordne die Satzaussagen!

Einteilige Satzaussagen	Zweiteilige Satzaussagen durch Teilung des Tunworts	Zweiteilige Satzaussagen mit Helfern
setzte	suchte . . . . . . auf	hatte . . . . . . ermüdet

Die zweiteilige Satzaussage umklammert andere Satzglieder.

2. Schreibe einfache Sätze über Anja auf! Gebrauche die zusammengesetzten Tunwörter als zweiteilige Satzaussagen und unterstreiche sie grün!

Mutter kennt ihre Tochter und weiß, dass sie gerne das Geschirr abtrocknet, dass sie oftmals ihr Zimmer nicht aufräumt, dass sie gerne Schaufenster anschaut, dass sie am liebsten einkauft, dass sie nach der Schule zu spät heimkommt, dass sie andere Kinder nicht auslacht, dass sie ihre Schuhe nicht abstreift, dass ihr leicht eine Ausrede einfällt.

Anja trocknet gerne das Geschirr ab. Sie

3. Was fällt dir an dieser Geschichte auf? Bringe sie in Ordnung! Unterstreiche die zweiteiligen Satzaussagen grün!

Anja und Miriam einkaufen im Supermarkt. Anja aussucht die Getränke. Miriam heranbringt Süßigkeiten. Anja wegstellt verschiedene Schachteln. An der Kasse einpacken sie alle Waren. Danach heimfahren sie mit dem Fahrrad. Zu Hause einstellen sie ihre Räder in die Garage. Anja auspackt alle Waren.

Anja und Miriam kaufen

4. Unterstreiche die Satzaussagen grün! Wie wurden die zweiteiligen Satzaussagen gebildet?

Gestern ist der Kaminfeger zu unseren Nachbarn gekommen. Von meinem Fenster konnte ich alles gut beobachten. Aus dem Dachfenster ist er auf das Dach gestiegen. Mit einem langen Besen hat er den Schornstein gereinigt. In wenigen Minuten war seine Arbeit beendet. Er hat der Nachbarin die Rechnung gegeben. Danach hat er gesagt: Bis zum nächsten Jahr wird diese Reinigung wieder reichen. Später ist er mit dem Moped fortgefahren.

Der Satzgegenstand

Faschingsfeier

Die Klasse 3 b darf in ihrem Klassenzimmer eine Faschingsfeier gestalten. Die Schüler haben an die Tafel geschrieben, was alles vorbereitet werden soll.

1. für Musik sorgen
2. Spiele vorbereiten
3. Dekoration basteln
4. Zimmer umräumen
5. Tische decken
6. einkaufen
7. Brötchen bestellen
8. belegte Brötchen richten
9. Knabberzeug kaufen
10. Zimmer schmücken
11. Zimmer säubern
12. Servietten falten

Die Schüler suchen sich die Aufgaben aus, die sie übernehmen wollen.

Bernd Nr. 9, Miriam Nr. 5, Ines Nr. 12, Mark Nr. 7, Sven Nr. 1, Anja Nr. 3, Manuela Nr. 8, Katrin Nr. 2, Uta Nr. 4, Steffen Nr. 6, Jochen Nr. 11, Bärbel Nr. 10

Der Klassenlehrer fragt am nächsten Tag: Wer übernimmt eine Tätigkeit? Wer tut etwas?

1. **Schreibe die Schülerantworten auf!**

   Bernd kauft Knabberzeug. M

2. **Unterstreiche in jedem Satz rot, wer etwas tut! Sprich zu jedem Satz die Wer-Frage!**

   Wer kauft Knabberzeug? Wer

Das Satzglied, das auf die Frage Wer? antwortet, nennen wir den Satzgegenstand.

3. **Erfrage mit der Wer-Frage den Satzgegenstand und unterstreiche ihn rot!**

Alle Kinder hatten sich verkleidet. Der Klassenlehrer lobte seine Schüler. Sven bediente den Kassettenrekorder. Der Clown erzählte tolle Witze. Die Drittklässler tanzten nach der Musik. Anja stolperte beim Tanzen. Alle Kinder lachten aus vollem Halse.

4. **Was fällt dir bei diesem Gedicht auf? Schreibe das Gedicht richtig auf!**

Der Bauherr setzt die Scheiben ein.
Der Maler hackt das Gulasch klein.
Der Tankwart kocht die Suppe gar.
Die Köchin putzt die Scheiben klar.
Der Metzger klebt Tapeten an.
Der Glaser sucht nach seinem Plan.

Erfrage mit der Wer-Frage den Satzgegenstand und unterstreiche ihn rot!

5. **Berufe raten**

> malt, verkauft, backt, schmiedet, kocht, fischt, mauert, sägt, zeichnet, deckt

Frage, wer dies tut! Schreibe vollständige Sätze auf!

6. **Welcher Satzgegenstand passt zu welcher Satzaussage? Erfrage mit der Wer-Frage!**

   Der Bäcker sägt. Der Bauer predigt. Der Friseur pflügt.
   Der Arzt backt. Der Schreiner kämmt. Der Pfarrer untersucht.

   Wer sägt? Der Schreiner sägt.
   _____
   _____
   _____
   _____
   _____

   Unterstreiche den richtigen Satzgegenstand rot!

7. **Erfrage in diesen Sätzen den Satzgegenstand und unterstreiche ihn rot!**

   Der Wind wirbelt den Staub auf. Er tobt durch die Straßen. Die Bäume ächzen. Die Vögel suchen im Gebüsch Schutz. Dichte Wolken verdunkeln den Himmel. Nun fallen die ersten Regentropfen. Der Regen prasselt gegen die Scheiben. In der Ferne grollt der Donner. Grelle Blitze erschrecken die Menschen.

8. **Schreibe sinnvolle Sätze auf! Setze vor die Namenwörter auch die Begleiter!**

Polizist					Maus
Fahnder	Katze			Katze	
		verfolgt			
Fuchs			Hasen		Schmuggler
Hund					Bankräuber

   Der Polizist verfolgt
   _____
   _____
   _____
   _____
   _____
   _____
   _____

   Unterstreiche den Satzgegenstand rot!

Die Wem-Ergänzung

Jedem ein Geschenk

Die Großeltern kommen zu Besuch. Für alle haben sie ein Geschenk dabei: für Vater, für Mutter, für den vierjährigen Sven, für die achtjährige Bärbel, für Tante und Onkel.

eine Krawatte, ein Blumenstrauß, ein Puzzle, eine Kassette über die Biene Maja, ein Einkaufskorb, ein Reisebuch

Wem schenken sie diese Dinge?

1. Schreibe auf, **wem** die Großeltern diese Dinge schenken.

   Die Großeltern schenken _____ eine Krawatte.

   Die Großeltern schenken _____

   _____

   _____

   _____

   _____

   Unterstreiche den Satzteil, der angibt, **wem** die Großeltern etwas schenken.

2. Für das Tunwort **schenken** kannst du auch **geben** schreiben.

   Unterstreiche den Satzteil, der angibt, **wem** die Großeltern etwas geben.

   Die Großeltern geben _____ eine Krawatte.

   _____

   _____

   _____

   _____

3. Schreibe auf, **wem** sie danken! Schreibe auch die Frage auf!
   Vater, Mutter, Sven, Bärbel, Tante und Onkel danken.

   Wem dankt Vater? Vater dankt _____

   Wem dankt _____

   _____

   _____

Der kurze Satz „**Vater dankt**" wird ergänzt. Wir erfragen diesen Satzteil mit dem Fragewort **wem**. Mit der Wem-Frage erfragen wir die Wem-Ergänzung.

4. Schreibe auf, wem Mark auf dem Schulweg begegnet! Unterstreiche in allen Sätzen die Wem-Ergänzung!

> Postbote, Müllauto, Freund, Lehrerin, Zeitungsfrau, Briefträger, Hausmeister, Nachbar

Mark begegnet _____

_____

_____

_____

_____

_____

5. Mark steht auf dem Schulhof. Er überlegt, was die Menschen jetzt tun, denen er unterwegs begegnete. Setze den richtigen Artikel ein und unterstreiche die Wem-Ergänzung!

Der Postbote übergibt _____ Nachbarin ein Päckchen. Der Freund zeigt _____ Schülern sein neues Briefmarkenalbum. Die Lehrerin gibt _____ Rektor die Hand. Die Zeitungsfrau überreicht _____ Kunden eine Zeitung. Der Briefträger begegnet _____ Polizeiauto. Der Hausmeister antwortet _____ Eltern. Der Nachbar hilft _____ kleinen Jungen.

6. Wem kann Mark in der Schule helfen? Erfrage Wem-Ergänzungen und setze sie in die Lücken ein!

Mark hilft _____ beim Einsammeln der Hefte.

Mark gibt _____ gute Ratschläge.

Mark zeigt _____ die Toiletten.

Mark bringt _____ den Papierkorb.

Mark stellt _____ die Stühle auf die Tische.

Mark holt _____ die Rechenspiele.

Mark leiht _____ die Filzstifte.

Mark holt _____ die Turnmatte.

Mark bringt _____ das Büchergeld.

Mark hilft _____ in den Anorak.

Diese Wörter helfen dir: Lehrer, Freund, neuer Schüler, Hausmeister, Putzfrauen, Lehrerin, Nachbar, Sportlehrer, Sekretärin, Behinderter.

Die Wen/Was-Ergänzung

1. **Mutter erwartet Gäste**

   Mutter putzt. Sie backt. Sie deckt. Sie faltet. Sie kauft. Sie reibt aus. Sie öffnet. Sie gießt ein. Sie schmückt.

- **Was fällt dir bei diesen Sätzen auf?**
- **Frage, um Genaueres über Mutters Arbeit zu erfahren!**
- **Mit welchem Fragewort fragst du nach diesen Ergänzungen?**
- **Setze die nachfolgenden Ergänzungen in die oberen Sätze ein!**

die Wohnung	zwei Torten	den Tisch	die Servietten
einen Blumenstrauß	die Gläser	die Saftflaschen	
eine Kanne Kaffee	die Milch		den Tisch

Unterstreiche in den Sätzen die Ergänzungen!

2. **Die Gäste kommen**

   Mutter begrüßt. Sie gibt ihnen. Sie nimmt ab. Sie stellt in die Vase. Sie zeigt ihnen. Sie erzählt. Sie trinkt mit den Gästen. Sie isst. Sie räumt ab.

- **Erfrage die fehlenden Ergänzungen!**
- **Setze die fehlenden Ergänzungen in die einfachen Sätze ein!**

| die Gäste | die Hand | die Mäntel | die Blumen | die Wohnung |
| eine Geschichte | Kaffee | zwei Stückchen Kuchen | | den Tisch |

Die Sätze lassen sich durch eine Ergänzung erweitern. Nach Personen fragen wir mit **wen**, nach Sachen fragen wir mit **was**. Diese Sätze erweitern wir durch eine Wen/Was-Ergänzung.

3. **Erfrage alle Wen/Was-Ergänzungen und unterstreiche sie!**

   Drei Gangster überfallen die Bezirkssparkasse. Sie haben ihre Gesichter vermummt. Sie reißen die Tür auf. Sie zücken einen Revolver. Sie bedrohen die Angestellten. Sie fordern Geld. Sie packen die Geldtasche. Danach fesseln sie die Angestellten. Sie verlassen eilig den Kassenraum. Ein Kunde alarmiert die Polizei. Die Polizisten finden die Angestellten. Sie lösen die Fesseln. Ein Beamter befragt die Überfallenen. Er notiert alle Einzelheiten. Eine Polizeistreife verfolgt die Gangster.

4. **Erfrage die fehlenden Satzteile und setze sie in die Lücke ein!**

   Mutter kocht _____. Sie spült _____. Sie backt _____.
   Sie reinigt _____. Sie putzt _____.
   Sie saugt _____. Sie pflegt _____. Sie füttert _____. Sie flickt _____. Sie strickt _____. Sie hängt _____ auf. Sie gießt _____. Sie weckt _____. Sie richtet _____. Sie kauft _____ ein.

5. **Setze die Wen/Was-Ergänzung ein!**

Bei der Kinderparty bekleckert Bernd _____	die kleinen Gäste
Ralf schüttelt _____	alle Kinder
Mark zerreißt _____	den Gehweg
Anja beschmutzt _____	die Gastgeberin
Miriam verschüttet _____	das gute Essen
Gabi beschimpft _____	den Kakao
Isabell lobt _____	den Teppichboden
Claudia lobt _____	seine Hose
Jochen bemalt _____	ein Glas
Markus besucht _____	die Tischdecke
Die Mutter verabschiedet _____	ihre Freundin

Die wörtliche Rede

Begegnung im Walde

Ein junger und ein alter Bär treffen sich im Wald. Geh mir aus dem Weg! Ich bin älter als du. Das ist mir egal. Ich war zuerst da. Das spielt überhaupt keine Rolle. Die Jungen haben den Alten zu gehorchen. Die Alten haben aber mehr Zeit als die Jungen. Mach also endlich Platz und lass mich durch! Werde ja nicht unverschämt, du junger Tollpatsch! Wieso bin ich unverschämt, du alter Brummbär? Geh endlich zurück und lass mich durch! Das fällt mir gar nicht ein.

1. **Lies die Geschichte still! -Warum ist es schwer, sie zu verstehen?**
   Du kannst die Geschichte mit Freunden spielen. Dazu brauchst du die beiden Bären, die sich gegenüberstehen, und einen Erzähler. Der Erzähler liest den ersten Satz und sagt dann immer an, welcher Bär spricht.

2. **Schreibe die Geschichte zu Ende!**

Der alte Bär sprach: „Geh mir aus dem Weg! Ich bin älter als du."

Der junge Bär meinte: „

Was wörtlich gesprochen wird, nennen wir wörtliche Rede. Der Voraussatz kündigt an, wer gerade spricht. Hinter dem Voraussatz steht ein Doppelpunkt. Die wörtliche Rede steht zwischen einem Anfangszeichen (unten) und einem Schlusszeichen (oben). Beachte auch die Satzschlusszeichen!

3. Setze im Text die fehlenden Zeichen ein! Achte auf das Muster!

Ein Wolf trank an einem Bach. Unterhalb von ihm schleckte ein Lamm etwas Wasser. Der Wolf rief böse   He, du da! Glaubst du, du kannst ungestraft mein Wasser trüben? Das Lamm erwiderte   Das ist doch unmöglich. Ich trinke doch flussabwärts. Ärgerlich knurrte der Wolf   Widerspreche mir nicht! Ich kenne dich. Seit acht Monaten erzählst du hässliche Dinge über mich. Da blökte das Lamm   Das kann nicht sein. Ich bin erst vier Monate alt.   Doch der Wolf schnauzte   Dumme Ausreden!   Ehe das Lamm noch ein Wort entgegnen konnte, packte es der Wolf und fraß es auf.

____ ____ ____   : „____ ____ ____"

4. Der Löwe und die Maus

Du kennst sicherlich die Fabel „Der Löwe und die Maus". Das sind einige Sätze aus dieser Geschichte.

Der Löwe brummte zufrieden. Die Maus bat mutig. Das ist ein leckerer Bissen. Lass mich bitte frei, vielleicht kann ich dir auch einmal helfen. Vielen Dank, Löwe! Kommt denn keiner zu Hilfe? Die Maus dankte höflich. Der Löwe brüllte jämmerlich.

Unterstreiche die Voraussätze! Schreibe sie zunächst auf und ordne die wörtlichen Reden richtig zu! Achte auf alle Satzzeichen!

____ ____ ____   : „____ ____ ____"

Der Löwe brummte zufrieden: „Das

5. Setze die fehlenden Satzzeichen ein und unterstreiche in dieser Geschichte die wörtlichen Reden!

Die Eltern kamen zu spät nach Hause. Anja schimpfte   Da seid ihr ja endlich!   Und Jochen fragte   Wann solltet ihr zu Hause sein?   Die Mutter entgegnete leise   Um sechs Uhr. Jochen rief böse   Wie viel Uhr ist es jetzt?   Der Vater flüsterte   Schon sieben Uhr.   Anja meint   Ab ins Bett!   Heute gibt es kein Fernsehen mehr.

6. Schreibe einen Voraussatz und die entsprechende wörtliche Rede!

a) Berd will von Vater wissen, wie viel Uhr es ist.

b) Anja will von ihrer Freundin erfahren, wann sie am Nachmittag spielen.

c) Der Lehrer will von seiner Klasse, dass sie ruhig arbeitet.

d) Mutter will von ihrer Tochter wissen, was in der Schule vorgefallen ist.

e) Der Polizist will vom Autofahrer wissen, wie es zu dem Unfall kam.

a) Bernd fragt seinen Vater: „Wie viel _____

b) _____

c) _____

d) _____

e) _____

7. Beim Basteln

Vater bastelt seiner Tochter eine Laterne. Papier und Klebestoff hat er schon bereitgelegt. So reden sie miteinander:

„Ich brauche noch eine Schere."

„Soll ich sie dir holen?"

„Ja! Bringe aus dem Keller auch noch Draht mit!"

„Ich bin gleich wieder zurück."

„Wo bleibst du denn so lange?"

„Ich komme schon."

Diese sechs Sätze sind gesprochen worden. Welche Sätze sprach der Vater, welche die Tochter? Schreibe das Gespräch in dein Heft!

Vater sagt: „Ich brauche . . .

Die wörtliche Rede und ihre Umstellung

1. **Damit wir wissen, wer gerade spricht, stehen bei den wörtlichen Reden auch Begleitsätze. Unterstreiche alle Begleitsätze und schreibe dann die Begleitsätze und die zugehörigen wörtlichen Reden auf!**

   Gabi macht mit ihren Eltern eine Radtour. Seit Stunden sind sie schon unterwegs. **Sie fragt ihren Vater:** „Wann machen wir denn eine Rast?" Auch Mutter möchte eine Pause einlegen. „Lass uns eine Pause machen", meint sie. Doch Vater ist nicht damit einverstanden. „Wir fahren bis zum Forsthaus", erklärt er. Eine Weile wird nicht mehr gesprochen. Dann aber ruft die Mutter: „Nun halte schon an!" Vater gibt immer noch nicht nach. Er sagt: „Wir fahren bis zur Forsthütte." Gabi kann kaum noch fahren. „Können wir nicht wenigstens fünf Minuten rasten?", fragt sie erschöpft. Jetzt gibt Vater nach. Er meint: „Wir machen fünf Minuten Pause." Sie steigen von ihren Rädern. „Lange hätte ich", stöhnt Mutter, „nicht mehr ausgehalten."

   <u>Sie fragt ihren Vater:</u> „Wann machen wir eine Rast?"
   „Lass uns

2. **Was findest du über den Begleitsatz heraus?**
   Der Begleitsatz kann an _____ Stellen stehen.

3. **Schreibe alle Satzzeichen bei ① rot nach! Was fällt dir auf? Versuche Regeln zu finden!**

   Begleitsatz: „_____."   „_____", Begleitsatz
   Begleitsatz: „_____!"   „_____!" Begleitsatz
   Begleitsatz: „_____?"   „_____?" Begleitsatz

   „_____", Begleitsatz, „_____."

4. Umstellung des Aussagesatzes

a) Vater sagt: „An dieser Stelle ruhen wir aus."

„An dieser Stelle

b) Mutter meint: „Hier gefällt es mir."

c) Gabi jubelt: „Jetzt kann ich verschnaufen."

5. Umstellung des Aufforderungssatzes

a) Vater ruft: „Hört mit dem Schimpfen auf!"

b) Mutter bittet: „Warte noch ein paar Minuten!"

c) Gabi wünscht: „Lasst uns hier bleiben!"

6. Umstellung des Fragesatzes

a) Vater fragt: „Wie lange wollt ihr noch rasten?"

b) Mutter fragt: „Warum drängst du uns so sehr?"

c) Gabi fragt: „Gefällt es euch hier nicht?"

7. Eingeschobener Begleitsatz

Nun unterbricht der Begleitsatz die wörtliche Rede. Der Begleitsatz wird zwischen die wörtliche Rede eingeschoben. Vor und nach dem Begleitsatz steht ein Komma.

a) Vater brummt: „Das nächste Mal fahre ich am besten allein."

„Das nächste Mal", brummt

b) Mutter meint: „Das nächste Mal machen wir eine kürzere Tour."

c) Gabi sagt: „Das nächste Mal fahren wir zum Grillplatz."

8. Setze in dem folgenden Text die richtigen Zeichen bei der wörtlichen Rede ein!

Am nächsten Sonntag ist Gabi wieder mit ihren Eltern unterwegs. Am Grillplatz stellen sie ihre Räder an einen Baum. Mutter sagt   Helft mir beim Auspacken! Vater fragt   Kannst du das nicht alleine tun? Doch Gabi ist schon zur Stelle.   Ich helfe dir gerne   meint sie.   Wer sammelt mit mir Holz? fragt Vater.   Am besten helfen wir alle zusammen   entgegnet Mutter. Sie sammeln Holz. Da fragt Gabi   Wie lange dauert es, bis die Würste gegrillt sind?   In einer Stunde   meint Mutter   können wir bestimmt essen. Mutter packt den Picknickkorb aus. Plötzlich ruft sie   Nun habe ich das Brot vergessen!

9. Setze die fehlenden Zeichen ein!

Mutter sagt   Wir müssen die Würste ohne Brot essen

Vater fragt   Helft ihr mir beim Anzünden des Feuers

Gabi ruft   Gib mir den Blasebalg

Mutter meint   Drei Würste genügen mir

Vater meint   Reicht dir das wirklich

Gabi fragt   Hast du den Senf dabei

Mutter meint   Alles habe ich nicht vergessen

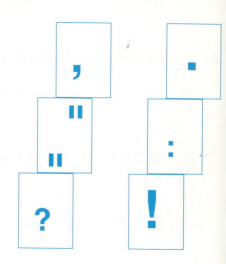

10. Unterstreiche den Begleitsatz und setze alle fehlenden Satzzeichen ein!

Nach dem Essen fragt Mutter   Seid ihr alle satt geworden   Gabi antwortet   Mir hat es gut geschmeckt   Da meint Mutter   Wolltest du nicht mit Vater Federball spielen   Gabi holt die Schläger   Doch Vater liegt im Gras und ruft   Lass mich in Ruhe   Da holt Gabi den Ball Sie wirft ihn Mutter zu   Fang ihn auf   ruft sie Doch der Ball ist zu hoch Er landet im Picknickkorb   Das ist eine schöne Bescherung   meint Mutter.

11. Unterstreiche zuerst die wörtlichen Reden! Setze nun alle fehlenden Satzzeichen!

Vater hat ausgeschlafen Er ruft   In einer Viertelstunde brechen wir auf Mutter meint   Zuerst müssen wir hier aber aufräumen   Sie bittet Gabi   Sammle alle Abfälle ein   Hast du eine Plastiktüte für mich   fragt Gabi ihre Mutter Mutter hat an alles gedacht Vater packt auch mit an   Halte mal die Tüte auf   ruft er Sie sammeln alle Abfälle ein   Mutter befestigt den Picknickkorb auf ihrem Gepäckträger   Habt ihr auch nichts vergessen   fragt sie Gabi sieht sich nochmals um   Da hinten liegt noch eine Getränkedose   ruft sie   Jetzt können sie abfahren